Un planeta para todos

por Margie O'Hern

Scott Foresman
is an imprint of

PEARSON

Glenview, Illinois • Boston, Massachusetts • Chandler, Arizona
Upper Saddle River, New Jersey

Illustrations by **4, 13, 20** Bradley Clark.

Photographs

Every effort has been made to secure permission and provide appropriate credit for photographic material. The publisher deeply regrets any omission and pledges to correct errors called to its attention in subsequent editions.

Unless otherwise acknowledged, all photographs are the property of Pearson Education, Inc.

Photo locators denoted as follows: Top (T), Center (C), Bottom (B), Left (L), Right (R), Background (Bkgd)

Opener M. Harvey/Peter Arnold, Inc.; **1** Map Resources; **5** ©Chris Johnson/Alamy; **6** Jeff Greenberg/Alamy Images; **8** (BL) Maximilian Weinzierl/Alamy Images; **9** Map Resources; **10** ©Luiz C. Marigo/Peter Arnold, Inc.; **15** Leonid Serebrennikov/Alamy Images; **16** ©Stephen Frink Collection/Alamy Images; **17** Wildlife/Peter Arnold, Inc.; **18** M. Harvey/Peter Arnold, Inc.; **21** Arco Images GmbH/Alamy Images; **22** (CC) Annabel Milne/©DK Images, (BC) Topic Photo Agency In/Age Fotostock; **23** Mark Conlin/Alamy Images; **24** NOAA.

ISBN 13: 978-0-328-52842-4
ISBN 10:   0-328-52842-0

Copyright © by Pearson Education, Inc., or its affiliates. All rights reserved. Printed in the United States of America. This publication is protected by copyright, and permission should be obtained from the publisher prior to any prohibited reproduction, storage in a retrieval system, or transmission in any form or by any means, electronic, mechanical, photocopying, recording, or likewise. For information regarding permissions, write to Pearson Curriculum Rights & Permissions, One Lake Street, Upper Saddle River, New Jersey 07458.

Pearson® is a trademark, in the U.S. and/or other countries, of Pearson plc or its affiliates.

Scott Foresman® is a trademark, in the U.S. and/or other countries, of Pearson Education, Inc., or its affiliates.

1 2 3 4 5 6 7 8 9 10 V0G1 18 17 16 15 14 13 12 11 10 09

Índice

CAPÍTULO 1 4
La mejor época del año

CAPÍTULO 2 8
La temporada de anidación

CAPÍTULO 3 13
Peligro: ¡Depredadores!

CAPÍTULO 4 16
Las crías emergen

CAPÍTULO 5 21
Centro de vida marina La caguama

Capítulo 1
La mejor época del año

—Todo lo que necesitamos está en la mochila, mamá. ¿Estás lista para ir? —preguntó Daniel.

—Tan pronto como tu hermana se ponga las sandalias —le respondió su mamá.

Era el mes de mayo, la época del año favorita de Daniel. Él, su hermana Sofía y su madre, Annabelle, se dirigían a la playa en busca de huellas de tortuga. Annabelle había estudiado la carrera de biólogo marino y había trabajado en el hospital de tortugas marinas en la playa Juno, de la Florida. Ella entendía la importancia de compartir nuestro planeta con la vida silvestre. Annabelle se había ofrecido como voluntaria para ayudar a proteger los nidos de las tortugas marinas. Para Daniel y Sofía, mayo era la mejor época del año porque tenían que ayudar a su madre a encontrar los nidos.

El sol se iba asomando sobre el horizonte a medida que caminaban por la ruta de acceso a la playa. La temporada de anidación de las tortugas marinas caguama comienza todos los años en mayo. Las hembras, por lo general, ponen sus huevos en la playa por la noche. La noche es, a menudo, silenciosa y no hay mucha gente en la playa. Si las tortugas escucharan ruidos fuertes podrían llegar a no poner sus huevos.

La primera hora de la mañana es el mejor momento para buscar los nidos sin molestar a las tortugas, pues es cuando ellas suelen estar descansando en el agua.

—¡Hay un rastro de tortuga! —gritó Sofía mientras corría hacia la playa.

Efectivamente había unas huellas en la arena que iban desde el océano hasta bien adentro de la playa. Daniel corrió hacia donde terminaba el rastro.

—Aquí está el nido, mamá. Lo sé porque la arena está compacta.

Huellas de caguama

—¡Miren las huellas! Pueden ver el lugar en el que las aletas delanteras de la tortuga empujaron la arena para moverla hacia adelante —observó Annabelle y señaló distintas marcas.

—¡Asombroso! —dijo Daniel emocionado.

—El nido está lejos de la pleamar para que el agua no alcance los huevos —dijo Annabelle—. Esta tortuga encontró el lugar perfecto para su nido.

Daniel sacó de la mochila tres estacas de madera, un rollo de cinta anaranjada, un aviso anaranjado brillante y un martillo. Annabelle eligió tres puntos alrededor de los bordes externos del nido de la tortuga. Daniel sostuvo cada estaca mientras Annabelle las martillaba para clavarlas en la arena. Sofía desenrrolló la cinta anaranjada y Annabelle la envolvió alrededor de cada estaca para marcar el nido.

Daniel le dio a su madre el aviso que decía: "Zona de anidación de una tortuga marina" y señalaba que molestarla violaba la ley. Annabelle clavó el letrero en una de las estacas y terminó de marcar el primer nido.

Zona de anidación de una tortuga marina, marcada para su protección

—Ahora la gente sabrá que hay un nido de tortuga en este lugar —dijo Annabelle—. Esperemos que se mantengan alejados de él.

El sol se elevó más en el cielo y con la claridad Daniel y Sofía pudieron ver más huellas de tortuga.

—¡Una gran cantidad de tortugas anidaron aquí anoche! —exclamó Sofía.

—Tienes razón, Sofía —confirmó su madre—. ¿Sabías que una caguama hembra puede poner hasta seis nidos de huevos entre mayo y agosto? Cada nido tiene entre 80 y 150 huevos.

—¡Son muchos huevos! —exclamó Daniel.

—Tienes razón, son muchos —asintió Annabelle—. ¿Sabían además que las tortugas hembras adultas, por lo general, ponen sus huevos en la misma playa en la que nacieron? Estas tortugas suelen nadar miles de millas para encontrar comida. Pueden ausentarse durante 15 años o más, pero, de algún modo, encuentran su camino de regreso a esta playa para depositar sus huevos.

—Hay miles de playas en el mundo —reflexionó Daniel—. ¿Cómo puede una tortuga encontrar su camino de vuelta a la playa en la que nació?

—Nadie lo sabe con seguridad —respondió su madre—. Quizás usan el campo magnético de la Tierra para guiarse. Los científicos saben que las tortugas marinas pueden detectar y reaccionar a los campos magnéticos.

Capítulo 2
La temporada de anidación

Daniel estaba muy entusiasmado con la idea de contarles a sus amigos en la escuela todo lo que había aprendido sobre las tortugas marinas. Ninguno de ellos había visto una de cerca. Durante el almuerzo, lo acorralaron a preguntas.

Su amigo Richard comenzó:

—Las tortugas marinas nadan en el mar, ¿verdad?

—Así es —contestó Daniel—. Tienen cuatro aletas en lugar de patas.

—Entonces, ¿cómo hacen las tortugas para enterrar los huevos en la arena tan lejos del agua?

—Usan sus aletas frontales para arrastrarse por la arena.

—Pero, ¿cómo respiran las tortugas cuando están fuera del agua? —replicó Ricardo rápidamente.

—Las tortugas marinas son reptiles y respiran aire a través de sus pulmones. Viven en el océano y son capaces de contener la respiración durante varias horas, pero tienen que salir a la superficie para respirar —respondió con paciencia Daniel.

—Oh… —respondió el grupo, muy impresionado por los conocimientos de su amigo sobre las criaturas marinas.

Esa noche, durante la cena, Daniel le preguntó a su madre si podía ir a ver a las tortugas marinas construir sus nidos.

—Eso ya no está permitido. Ahora hay que hacer el recorrido en grupo, acompañados por un guardia marino. Ha habido demasiadas ocasiones en las que la gente ha asustado a las tortugas que estaban listas para poner sus huevos.

Daniel y Sofía se sintieron muy decepcionados.

—Sin embargo... —continuó la madre.

—¿Sí? —dijeron los niños con entusiasmo.

—Sé que esta noche va a salir de recorrido un grupo de guardias marinos. Podemos ir, pero los tres tenemos que ser casi invisibles. Voy a escribir las reglas para que puedan recordarlas.

Luego de conversar acerca de qué cosas se deben hacer para respetar a las tortugas que están anidando, Annabelle les mostró a sus hijos un mapa de la Florida.

—Las zonas de color púrpura indican las playas de la Florida en las que anidan las tortugas caguama. Existen otros lugares en el mundo en los que también anidan —les dijo.

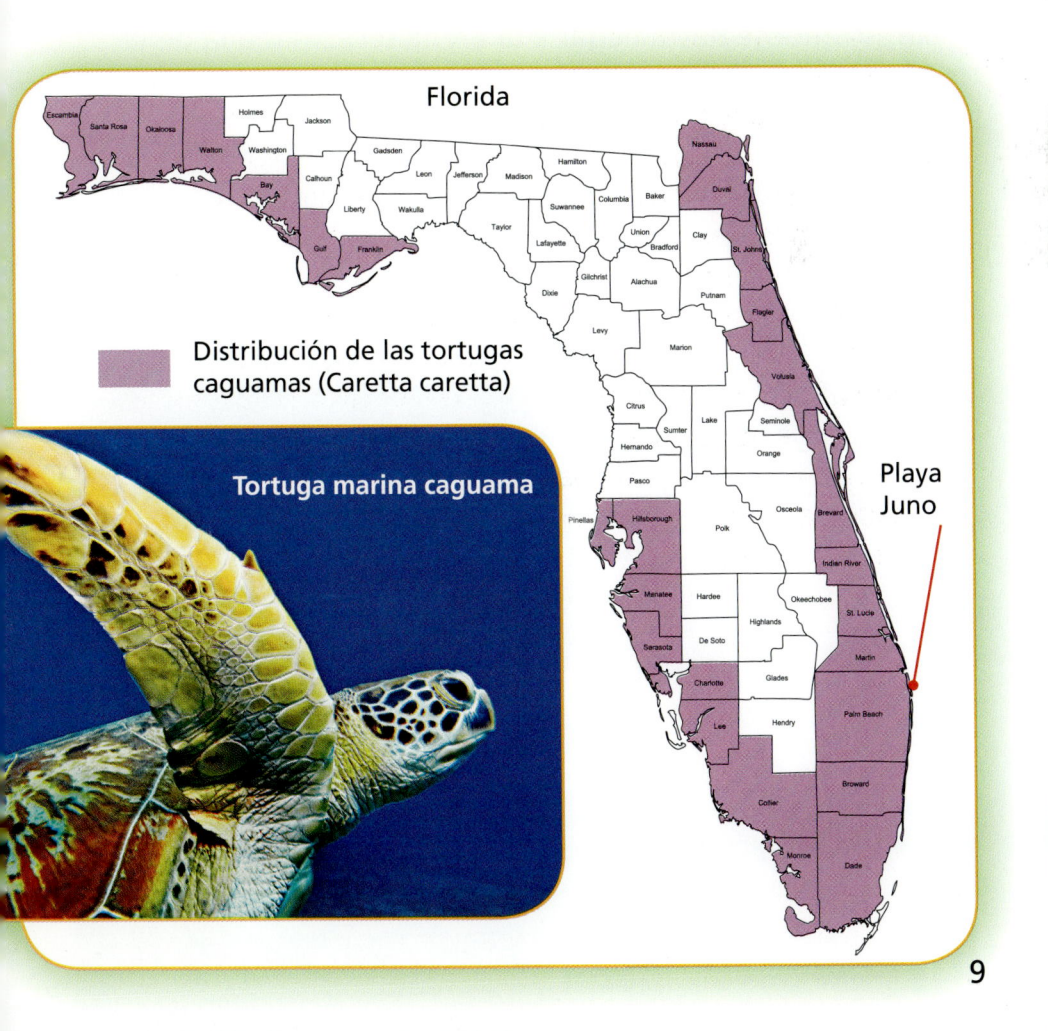

Florida

Distribución de las tortugas caguamas (Caretta caretta)

Tortuga marina caguama

Playa Juno

Esa misma noche, Daniel, Sofía y su madre caminaban por la playa detrás del grupo de guardias marinos, cuidándose de estar muy, muy callados. El cielo estaba claro y la luna era brillante. Los guardias marinos eligieron un lugar desde el que todos los espectadores pudieran ver a las tortugas marinas sin perturbarlas.

Sofía fue la primera en avistar a una caguama hembra saliendo del mar hacia la playa. Emocionada, tiró de una manga a Daniel y señaló hacia las olas en movimiento, pero con la intención de no producir el más mínimo sonido.

La tortuga de mar comenzó a avanzar lentamente por la playa, levantó su cuerpo hacia arriba con sus aletas delanteras y, después, se impulsó hacia adelante con las de atrás. Descansaba cada pocos minutos, pero perseveró arrastrándose hasta llegar a la arena seca, más allá de la pleamar.

Una caguama hembra avanzando por la playa.

Los niños estaban maravillados con lo que estaban presenciando. Observaron a la tortuga hacer un hoyo barriendo la arena con sus aletas y rotando su cuerpo hasta quedar mirando hacia la dirección opuesta. Luego, repitió la operación hasta volver a su posición original. El hoyo era importante porque hacía más difícil que otros animales pudieran ver a la madre tortuga.

Daniel quería desesperadamente mirar más de cerca, pero Annabelle le advirtió que podía perturbar a la tortuga. A cambio, ella le dio sus binoculares. Con ellos era mucho más fácil ver las cosas a distancia.

Cuando el hoyo estuvo terminado, la tortuga giró hacia el mar. Curvó sus aletas traseras y comenzó a escarbar la arena para excavar un nido. Cuando el nido tuvo casi dos pies de profundidad, comenzó a poner sus huevos. La tortuga ponía varios huevos al mismo tiempo, descansando a menudo entre cada puesta.

Mientras Sofía miraba boquiabierta con los binoculares, musitó:

—Los huevos parecen pelotas de ping-pong, mamá. Pero, ¿por qué no se rompen cuando caen unos sobre otros?

Su madre le susurró la respuesta:

—Los huevos son suaves y flexibles, por eso no se rompen cuando caen en el nido. De esta manera, pueden quedar uno encima de otro, y cubiertos con arena sin romperse.

Finalmente, el nido se llenó de huevos. La tortuga puso arena sobre los huevos usando sus aletas traseras, y la compactó con suavidad. Luego, rellenó el hoyo con sus aletas frontales y lo niveló con el resto de la arena. Esto haría que fuera más difícil que otros animales encontraran los huevos. Después, la agotada caguama madre se arrastró lentamente hacia el mar para buscar comida y recuperar fuerzas.

Daniel y Sofía la vieron retirarse hacia el agua. Annabelle les dijo:

—Cuando una hembra deja su nido, nunca regresa a él. Ni siquiera una sola vez para ver cómo está. Los huevos se desarrollan solos, y el sol y la arena los mantienen calientes.

En el camino de regreso a casa, Daniel y Sofía hablaron con tanto entusiasmo que era difícil creer que el momento de acostarse había pasado hacía horas.

—¡Fue genial! —exclamó Daniel—. ¡Desearía haber tomado fotos!

—Sí, habrían sido buenas fotos. Desafortunadamente, el flash de nuestra cámara habría asustado a las tortugas —les recordó Annabelle—. Los científicos tienen que utilizar equipos especiales para obtener las imágenes que vemos en los libros. Sus cámaras no tienen flash pero tienen una lente especial que les permite ver en la oscuridad.

—Yo sé, mamá. Sólo decía... —pero su frase fue interrumpida por un enorme bostezo.

Capítulo 3
Peligro: ¡Depredadores!

Un par de noches después, durante la cena, era evidente que Annabelle estaba muy distraída. Luego de que Daniel y Sofía la presionaron, finalmente admitió que había un problema en la playa de anidación.

—¿Pasa algo malo? —preguntó Daniel.

—Algo o alguien ha estado excavando algunos de los nidos de caguama y ha tomado o destruido todos los huevos que había en ellos. Esta noche cuando oscurezca tengo que ir a la playa para averiguar qué está pasando.

—¿Podemos ir contigo, mamá? ¡Por favor! —suplicó Sofía.

—Está bien, pero recuerden las reglas: estar en silencio, caminar despacio, poner un filtro rojo en la linterna y permanecer a una distancia prudente de la anidación de las tortugas —les recordó Annabelle—. Las tortugas marinas son una de las especies amenazadas en los Estados Unidos. Si no procrean gran cantidad de bebés, tal vez en el futuro pudieran dejar de existir.

Cuando estuvo completamente oscuro, Daniel y Sofía caminaron con su madre por la playa. Se movían con cuidado y en silencio; sentían una mezcla de entusiasmo y miedo. Se preguntaban, ¿quién o qué había desenterrado los huevos de tortuga?

Al principio, todo parecía normal. Pero justo cuando comenzaron a despreocuparse, Daniel escuchó un fuerte ruido: slurp, slurp, slurp. Golpeó ligeramente el brazo de su madre y señaló en dirección del sonido. Sofía no podía imaginar qué era lo que sonaba.

Caminaron lentamente alrededor de la duna de arena hasta que se toparon con una familia de mapaches ¡dándose un banquete con los huevos de tortugas marinas a la luz de la luna! Annabelle le quitó el filtro rojo a su linterna y dio unos cuantos pasos enérgicos hacia adelante mientras la luz brillante apuntaba directamente hacia los depredadores. Asustados por el movimiento y la luz, los mapaches dejaron de comer y salieron corriendo.

Una jaula de alambre como ésta protege los huevos de tortuga de los depredadores y, al mismo tiempo, permite que las crías salgan del nido y corran hacia el mar.

—Van a regresar —dijo Annabelle—. Por ahora, vamos a cubrir este nido con arena. Luego, vamos a casa a buscar una jaula de metal para ponerla sobre el nido y proteger los huevos. Voy a llamar a otros voluntarios para que nos ayuden a poner jaulas en los demás nidos.

—Pero si pones una jaula sobre el nido, ¿cómo van a salir los bebés tortugas? —preguntó Sofía.

—Los agujeros en la jaula son lo suficientemente grandes como para que las diminutas tortugas pasen a través de ellos después de salir de los huevos, pero son lo suficientemente pequeños como para que los depredadores no puedan entrar —respondió Annabelle.

Regresaron a casa a buscar una jaula. La colocaron sobre el nido y la revisaron para asegurarse de que era segura.

Sofía aún parecía preocupada.

—¿Estás segura de que nada puede entrar allí? —repitió.

Annabelle le aseguró a Sofía que los científicos habían estado usando estas jaulas durante mucho tiempo, y que mantendrían alejados a los mapaches.

Capítulo 4
Las crías emergen

El verano llegó a la playa Juno y ya era hora de que las crías, o bebés tortuga, salieran de los nidos.

—¿Cómo se sabe cuándo las crías están listas para nacer? —preguntó Daniel.

—La incubación de los huevos, o su desarrollo hasta convertirse en tortugas bebé, tarda unos dos meses —contestó la madre—. Los huevos que se pusieron en mayo se rompen primero. Cuando los bebés se desarrollan, comienzan a romper los huevos y se abren paso hacia fuera del nido. Sabemos que las crías están en movimiento alrededor del nido cuando vemos unos bultos circulares en la arena.

—Vamos a la playa para tratar de encontrar los nidos con bultos —sugirió Sofía.

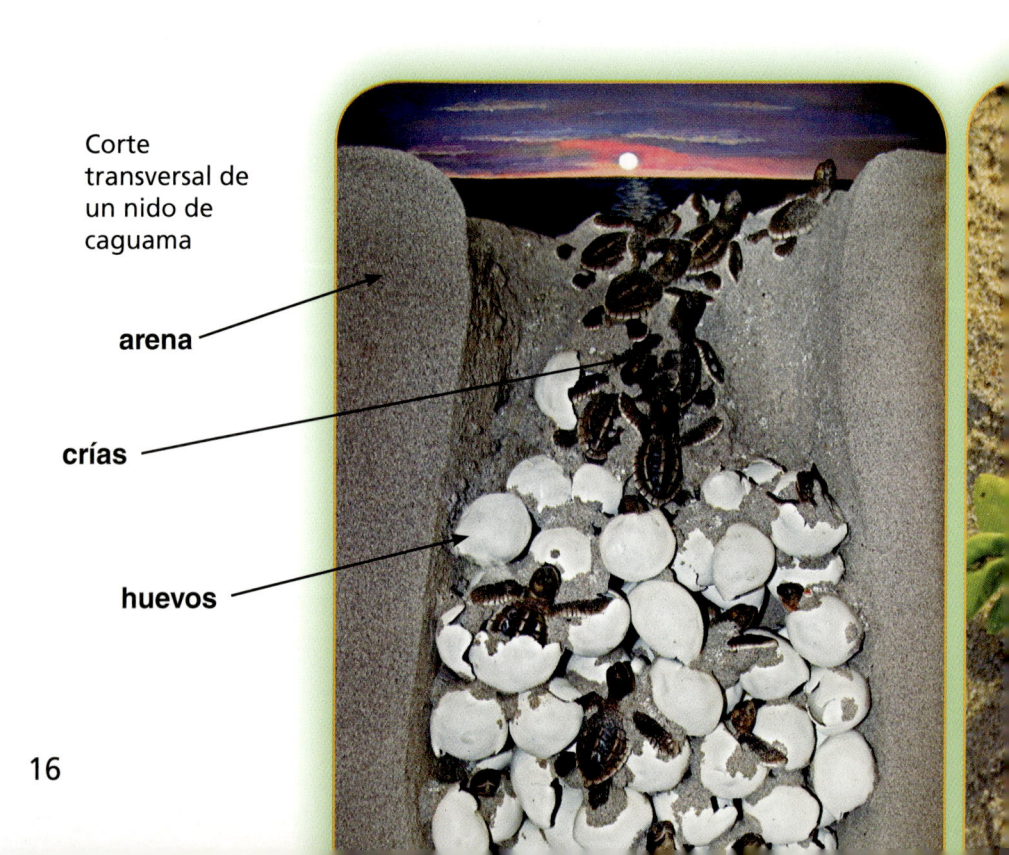

Corte transversal de un nido de caguama

arena

crías

huevos

Sabiendo que la crías suelen salir de sus nidos durante la noche, cuando la arena se enfría, Sofía, Daniel y Annabelle se dirigieron a la playa al ponerse el sol. Encontraron un lugar desde donde podían ver a las crías, pero sin perturbar sus movimientos.

—Algunas veces, las crías salen del nido lentamente durante un par de noches —le dijo Annabelle a los niños—. Otras, parecen bullir todas a la vez. Cuando están bullendo, decimos que están como *en un hervor*, porque parece una olla en ebullición.

En ese mismo momento, Daniel notó un movimiento. Algunas cabezas y aletas minúsculas emergieron de la arena. De repente, había cientos de crías saliendo del nido.

—¡Tenemos un hervor! —exclamó Daniel.

Las crías salen de su nido

Las tortugas bebé giraron hacia el mar e hicieron su camino a través de la arena con movimientos abruptos y torpes.

—¿Cómo saben hacia dónde arrastrarse? —preguntó Sofía.

—Los científicos piensan que se mueven hacia la luz más brillante que ven cuando alcanzan la superficie —respondió su madre—. En una playa de anidación durante la noche, la luna y las estrellas que brillan sobre el océano emiten una luz más brillante.

—¿Qué pasa con las playas que tienen casas y hoteles en la orilla? ¿Las luces de los edificios no confunden a los bebés tortuga? —preguntó Daniel.

—Sí, Daniel —le contestó Annabelle—. Si hay luces brillantes en la tierra, las crías podrían arrastrarse en la dirección equivocada. Eso es un gran problema para ellas.

Las crías se arrastran al mar

—Hay también otros peligros. Muchas crías no llegan al océano y son devoradas por aves, mapaches y cangrejos. Sabemos que morirán si no llegan al mar —continuó Annabelle.

—¡Qué triste! —exclamó Sofía—. Yo no querría ser una tortuga bebé.

—Sabes, a veces la gente también interfiere. Tú nunca debes recoger una cría de tortuga —le advirtió la madre—. Cada una de ellas tiene que encontrar su camino hacia el océano para dejar su impronta en esta playa. Eso significa que las crías aprenden a reconocer la playa para poder regresar a poner sus propios huevos aquí.

—¿Así que ni siquiera podemos ayudarlas? —preguntó Daniel—. ¿Qué pasa si estamos tratando de protegerlas de los animales que se las pueden comer?

—No —le contestó Annabelle—. Ni siquiera entonces. Debemos asegurarnos de que puedan encontrar el camino por sí mismas.

—¿Van a estar a salvo? —preguntó Daniel.

—Claro —le respondió Annabelle—. Los recién nacidos que llegan al agua pasan su primer año nadando en lechos de algas flotantes. Allí encuentran alimento y se protegen de los depredadores. Su única esperanza de supervivencia es estar en el océano.

El ciclo de vida de una tortuga marina

Adulto

Crecimiento

Pareja

Cría

Postura de los huevos

Las tortugas hembras regresan a la playa donde nacieron

20

Capítulo 5
Centro de vida marina La caguama

Daniel y Sofía querían aprender más sobre las tortugas marinas. Annabelle los llevó al Centro de vida marina La caguama en la playa Juno. En el centro aprendieron que las caguamas adultas miden alrededor de 3 a 3 y ½ pies de largo y pueden llegar a pesar hasta 300 libras. A las caguamas también se las conoce como tortugas bobas, por su carácter tranquilo.

Los niños aprendieron que la parte superior de la tortuga, de color caoba, se llama caparazón y que la parte inferior se llama plastrón. La opacidad del caparazón hace que sea difícil que las aves que vuelan sobre el mar puedan ver a la tortuga. La luminosidad del plastrón la oculta de los depredadores que estén debajo de ella, pues la confunden con la luz del cielo.

También se enteraron de que a diferencia de la gran mayoría de las tortugas, las marinas no pueden meter su cabeza y aletas dentro del caparazón. Esto fascinó a Daniel y a Sofía, quienes llevaron a su madre a recorrer todo el centro de investigación para leer más.

Una tortuga marina caguama
Caparazón
Plastrón

Encontraron un diagrama que mostraba las partes del caparazón de la caguama. Daniel y Sofía aprendieron que las escamas óseas son placas que se conectan entre sí para formar el caparazón. Las caguamas también tienen escamas y dos garras en cada aleta delantera.

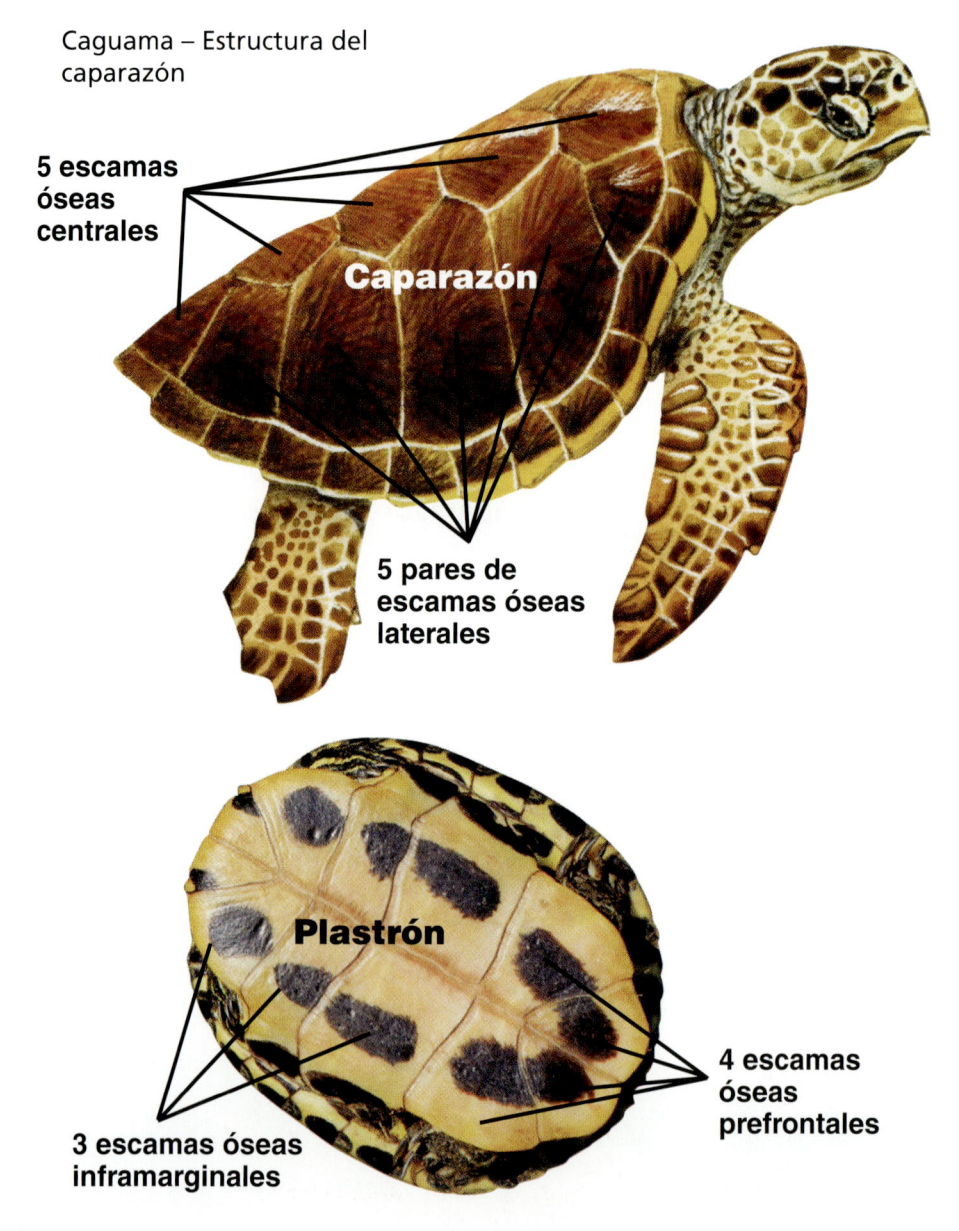

Caguama – Estructura del caparazón

5 escamas óseas centrales

Caparazón

5 pares de escamas óseas laterales

Plastrón

4 escamas óseas prefrontales

3 escamas óseas inframarginales

La mejor parte de la visita al centro fue ver a las caguamas nadando en el acuario.

—Nadan mucho más rápido de lo que se arrastran por la playa —comentó contento Daniel.

Con una gran sonrisa, Sofía dijo:

—¡Sólo piensa en esto! Las tortugas que vimos en la primavera pasada y en el verano ahora están nadando en alguna parte en el océano.

Su madre estaba seria:

—Espero que sí. Recuerden todo lo que hablamos. Esas tortugas se enfrentan a muchos peligros que hacen que para ellas sea difícil sobrevivir. Todos tenemos que trabajar muy duro para asegurarnos de que estas tortugas estén protegidas, y así los hijos y nietos de ustedes también podrán verlas.

—¡Lo haremos! —prometieron los niños.

Centro de la vida marina en la playa Juno, Florida

Las tortugas marinas están en peligro de extinción

En 2007, los científicos incluyeron a las tortugas caguama en la lista de animales en peligro de extinción. Debido a sus hábitos de migración, el peligro existe en todo el mundo, no sólo en los Estados Unidos.

Las redes de pesca del camarón matan a cientos de miles de tortugas marinas cada año. Las tortugas nadan hacia adentro de esas redes y quedan atrapadas. Se ahogan porque no pueden salir a la superficie para respirar. Estos barcos pesqueros deberían tener unos aparatos denominados Dispositivos excluidores de tortugas (DET) en sus redes para permitir que las tortugas se puedan escabullir. Sin embargo, esta ley no siempre se obedece.

Las casas y hoteles construidos en las playas de anidación de tortugas marinas evitan que las caguamas pongan sus huevos. La contaminación de los océanos y playas causa la muerte de muchas tortugas marinas debido a que comen basura.

Si la gente quiere seguir compartiendo el planeta con las tortugas marinas, tiene que hacer todo lo posible para protegerlas de estos peligros.

Dispositivos excluidores de tortugas (DET)